Bildnachweis:

Horst Bauer S. 31 oben; Paul Becker S. 22; Winfried Bieber S. 35 Mitte; Susanne Bockelmann S. 36 Mitte; Heinz Böhm S. 5 unten links; I. & B. Bogenstahl S. 8 unten; Stadtarchiv Bonn S. 27, 28, 32 & 33 oben; Dr. Christian Borkowsky S. 15 unten rechts & 34 oben links; Erich Bormann S. 12 oben; B. Büssemeier S. 44 oben; Annelie Buwen S. 24; Gerda Dreyer S. 9 rechts; Günter Dudde S. 37 Mitte; Karl-Hermann Eggert S. 5 oben & Mitte; Karin Eishauer S. 4 unten, Günter Feußner S. 38; Heinz Finke S. 18 oben; Wilhelm Förster S. 31 Mitte; Herbert Frömmert S. 25 unten; Jürgen Garbsen S. 20 oben; Heide Gauly S. 61; Paul Gerski S. 35 oben rechts; Erika Görke S. 31 unten; Jürgen Goldammer S. 16 & 25 oben; Hilde Gräf S. 15 unten links; Stadtarchiv Heidelberg S. 55 & 57; Ingrid Hennies S. 35 oben links; Ralf Höber S. 9 oben; Carola Hoffmann S. 47 oben; Elsa Jäger S. 36 unten links; Willi Jäger S. 17 unten; Alfred Janik S. 45 oben; Henning Kalliske S. 35 unten; H. & I. Keusgen S. 34 Mitte & unten; Lieselotte Klein S. 37 unten; Thomas Klement S. 4 oben; Erich Knothe S. 43 unten; Stadtarchiv Köln S. 8 oben links & rechts; Hans Kripgans S. 46/47; Gisela Krüger S. 29 oben; Alfred Lambeck S. 6 unten; Privatbesitz im Landesmuseum für Technik & Arbeit, Mannheim S. 4 rechts; Stadtarchiv Ludwigshafen S. 41; Gerhard Lullau S. 19 unten; Hannelore Maacke S. 42; Georg Mann S. 17 oben; Ingrid Mascherek S. 5 unten links; Margit Meyer S. 34 oben rechts; Museum für Kunst- und Kulturgeschichte der Hansestadt Lübeck S. 58 unten, 62 & 63; Henning Peters S. 19 oben; Dieter Pickhard S. 7; Reinhold Plett S. 37 oben; Staatsarchiv Freiburg W 134 Sammlung Willy Pragher S. 48 (46.582B), 49 (50.597), 50 oben (27.606G), 50 unten (54.805B), 51 oben (19.597D), 51 unten (19.494B), 52 oben (50.591) & 52/53 (42.076), Robert Pusch S. 36 oben; Werner Puzig S. 12 unten; Manfred Radau S. 30 oben; Karin Reichert S. 59 oben; Axel Römer S. 36 unten links; Gisela Rudolph S. 45 unten; Klaus Sartorti S. 39; Karl-Heinz Schabacker S. 15 oben; Edith Schäfer S. 13 oben links & rechts; Winfried Scheuber S. 26 oben; Georg Schmidt S. 11 oben & 33 unten; Marianne Schmidt S. 11 unten; Erwin Schmitz S. 14; Dieter Schmutte S. 29 unten; Heinz Schneider S. 40 oben; Gerd Seyfert S. 6 oben; Kunibert Söntgerat S. 26 unten; Asta Stolze S. 10; Rita Störmer S. 18 unten, Irene Thiel S. 23; Ruth Völlmann S. 26 Mitte; Hans-Joachim Voigt S. 54; Elfriede Voigt-Deutsch S. 59 unten; Georg Walter S. 30; Bärbel Werdin S. 58 oben; Ursula Wiegemann S. 60; Gerd Wilke S. 13 unten; Marlies Winheller S. 20/21; Max Wirth S. 56 unten; Willy Witte S. 40 unten; Stadtarchiv Worms S. 43 oben; Fritz Zimmermann S. 56 oben

Satz und Layout: Typographische Dienste U. Weiss, Borken (Hessen)
Druck: Thiele & Schwarz, Kassel
Buchbinderische Verarbeitung: Buchbinderei Büge, Celle

34281 Gudensberg-Gleichen, Im Wiesental 1
Telefon: 0 56 03/9 30 50
www.wartberg-verlag.de
ISBN 3-8313-1265-6

Die Faszination der 50er Jahre liegt in ihrer Zwiespältigkeit. In diesem Jahrzehnt vollzog sich in Westdeutschland eine Wandlung von den Erfahrungen des Krieges und seiner Folgen hin zu einem enormen dynamischen Aufbruch in eine neue Zeit.
Die Menschen hatten den Krieg noch miterlebt. Viele mußten hinnehmen, daß ihre Ehemänner, Väter, Brüder und Söhne gefallen waren oder als vermißt galten, und viele wurden in der Sowjetunion gefangen gehalten, kamen erst nach 1955 zurück. Die Städte lagen zum Teil noch in Trümmern, 12 Millionen Vertriebene und Flüchtlinge waren noch notdürftig untergebracht, Wirtschaft und Industrie weitgehend zerstört, was übrig geblieben war, war unmittelbar nach Kriegsende in wichtigen Teilen von den Besatzungsmächten demontiert worden. Zwei Millionen hatten keine Arbeit, Jugendliche fanden keine Ausbildungsplätze.
Das Nazisystem hatte tiefe Wunden auch in den Seelen und Gemütern der Menschen hinterlassen. Wer war schuldig geworden? Wie begegnete man sich nun in der Nachbarschaft, im Ort? Der Ost-West-Konflikt nahm bedrohliche Formen an. In Berlin wurde im Juni 1953, in Ungarn im November 1956 ein Aufstand von den Sowjets niedergeschlagen.
Und dennoch entfalteten die Menschen Optimismus. Die Währungsreform 1948 hatte die D-Mark gebracht, die sich als stabil erwies, ebenso ein Jahr später die Demokratie, mit der die meisten keine Erfahrungen hatten. Sie ermöglichte neue individuelle Freiheiten, eröffnete neue Möglichkeiten und Perspektiven. Die Menschen packten zu, und es zeichnete sich – zuerst in groben Umrissen – das ab, was später das „Wirtschaftswunder" genannt wurde. Und nach all der Trauer, der Not und den Entbehrungen sehnten sie sich nach Lebensfreude und vor allem nach Mobilität. Rudi Schurike sang schon kurz nach dem Krieg: „Wenn bei Capri die rote Sonne im Meer versinkt...", und der Schlager wurde zum Hit, als sich noch niemand vorstellen konnte, jemals nach Capri zu kommen. Und dann ging alles sehr schnell. Die Arbeitslosigkeit ging allmählich zurück, Vollbeschäftigung war abzusehen, Geld wurde verdient, das Häuschen renoviert und hier und dort sogar schon ein neues gebaut. Man brach auf. Mit dem Fahrrad, dem Motorrad und dem alten und später neuen Auto. Alles war gleichzeitig auf der Straße, nur die Akzente verschoben sich im Laufe der Jahre, je nachdem, was Industrie und Technik hervorbrachten.
Das alles in einem Jahrzehnt! Und so werden die Schwarz-Weiß-Fotos dieses Buches bei denen, die die 50er Jahre miterlebt haben, eben zwiespältige Erinnerungen wachrufen, sie werden vielleicht nachdenklich weiterblättern und zugleich auch schmunzeln, weil sie vieles wieder erkennen. Den Anzug, den sie auf dem Motorrad getragen haben, das Kleid, in dem sie auf dem Motorroller saßen, die Marke und den Typ ihres ersten Autos, mit dem sie nur Ärger hatten oder den sie gar nicht mehr hergeben wollten. Und, vielleicht wird auch jemand darüber nachdenken, was die Zeit bis heute gebracht hat.

Jochen Müller

Das Zelt

An den ersten klebte noch Schlamm aus den letzten Kriegstagen, und es roch nach verrotteter Imprägnierung. Wir trugen es auf dem Rücken, transportierten es mit unseren alten, meist geflickten Fahrrädern oder den übrig gebliebenen Autos aus der Vorkriegszeit: Das Zelt.
Wir schlugen es dort auf, wo wir gerade hinkamen und wo es uns gefiel. Und dort roch es nun nach Erde, nach frischem Gras, und wir hörten das Meer rauschen und träumten von den Bergen. Wir nahmen den Teer- und Benzingeruch der Landstraße, die aus der Stadt hinausführte, in uns auf, dorthin, wo die weite Welt wartete, und wohin sich die Telefon - und Stromleitungen an den Masten entlang der Strasse zogen.
Im Zelt ertrugen wir alles: Stroh als Unterlage, einfache Wolldecken, Platzmangel, eindringendes Regenwasser, Chaos – und sogar die Mücken. Im Kölner Karneval sang man: „Wenn em Zäld de Möcke und de Hömmele disch verjöcke, un de kanns dann net erus im Räin – do laaste de disch kapott dat nennt ma Kämping ...“. Im Zelt lebten wir nahezu öffentlich, und das Chaos um uns herum sollte jedermann zeigen, daß einem die zu Hause gewohnte Ordnung schnurzegal war. Trotzdem hängten wir unsere Klamotten fein säuberlich an Kleiderbügeln im Zelt auf. Als völlig verwahrlost wollten wir nun auch nicht angesehen werden.
Bald gab es Wettbewerbe im Zeltaufbauen und Zeltschmücken. Und allmählich wurden die Zelte immer komfortabler, am Anfang noch mit einfachen Mitteln, aber viel Phantasie. Und es wurden immer mehr. Sie standen überall: An Strassenrändern, auf Wiesenstücken, in Parks, manchmal sogar mitten in den Städten, vor allem aber an den Ufern von Flüssen und Seen – bis es verboten wurde, überall sein Zelt aufzuschlagen. Nun standen sie dicht an dicht auf den schnell wachsenden Campingplätzen. Und das, dem wir entflohen zu sein glaubten, war plötzlich auch wieder da - Zäune.

▲ Bis in den Hinterhof in einer Straße, wie hier in Wolfsburg, hatten sie es bereits gebracht, um die Sommerferien zu verbringen. Und wer mit vierzehn noch hirschhornbesetzte Wildlederhosenträger zu zünftigen Wildlederhosen benötigte, war noch nicht reif für die große, unbekannte Welt.

▼ Vierzehn Tage Urlaub – in der Regel, 48 Stunden Arbeit an sechs Tagen. Und am Samstag nach der Arbeit „nix wie raus“ in die Natur. Zelten war billig, wenn man anspruchslos war. Und das waren die meisten. 1952 machten die westdeutschen Zelthersteller bereits ein Drittel mehr Umsatz als im Jahr zuvor.

◀ Im Zelt lag, hockte oder saß man, nicht selten in heillosem Durcheinander. Und wer frische Kuhmilch vom Bauern ergattern konnte, hatte besonderes Glück.

Die Motorisierung ging rasch voran, und schon bald ging es über die Grenzen, wie hier 1954 nach Dänemark *(rechts)* und 1959 nach Holland *(unten)*.Wir kochten mit Spiritus und aßen aus Blechnäpfen. Aber für den Gang in die nahe Stadt hatten wir, trotz aller Romantik des Schlichten, unsere passende Garderobe dabei. Dabei waren wir schon im Zelt auf unser Äußeres bedacht. Aber in die Stadt ...?

▼Das Zwei-Mann-Zelt war nicht nur deshalb beliebt, weil wir es gut transportieren konnten, sondern auch, weil es wenig Platz benötigte. Und es war schnell aufgebaut. Man brauchte sich nicht von seinem Auto zu trennen, hatte es stets im Blick. Auto und Zelt bildeten schon damals für die Camper eine Einheit. Der kleine Gogo hätte auch in ein solches Zelt gepaßt.

Allmählich nahmen die Zelte die Ausmaße kleiner Häuser an, vor denen wir sogar in Sonntagskleidung defilierten.
Unsere VW-Käfer waren unser ganzer Stolz. Wir putzten und wienerten sie und stellten sie natürlich neben unseren Zelten ab. Viele waren es noch nicht, die ein solches Auto besaßen, aber die, die eins hatten, zeigten es auch.

▼Eine neue Gemütlichkeit entstand. Zwischen Auto und Zelt ergab sich das neue Wohnzimmer der Familie unter freiem Himmel. Die Camper von nebenan wurden eingeladen, und wir tauschten Erlebnisse und Erfahrungen der Reise aus, und manchmal sprachen wir auch über die Arbeit zu Hause. Aber das war seltener. Schließlich waren wir ja in Urlaub.

Die Eisenbahn

Die Bahn war das traditionelle Verkehrsmittel. Sie hatte bisher das Reisen über größere Entfernungen erst möglich gemacht. Es gab ein gut ausgebautes Schienennetz. Doch vieles war noch vom Krieg zerstört: Gleise, Lokomotiven, Waggons und Bahnhöfe waren entweder gar nicht oder nur notdürftig repariert worden. Vielerorts ratterten noch die alten Züge über meist defekte Strecken, in den Waggons die harten Holzbänke in der 2., zerfetzte Polstersitze in der 1. Klasse. Die Toiletten waren unbenutzbar, die Fenster undicht und die Abteile zugig. Aber trotz allem: Die Bahn funktionierte noch, und sie brachte uns in die entlegensten Dörfer, wenn wir nur bereit waren, mehrmals umzusteigen. Alle noch intakten Schienenwege wurden noch genutzt. Und die Bahn war zuverlässig und pünktlich. Und sie blieb es auch, als sehr bald die neuen Schienenbusse und rundum erneuerten Waggons auftauchten, die berühmten großen D-Züge wieder beiderseits des Rheins von Hamburg nach Basel und zurück rauschten, und man von den Burgen aus auf das vielfache Echo des Pfeifens der mächtigen Dampfloks mit ihren riesigen weißen Dampfschwaden wartete.

Eine Bahnreise wurde lange vorbereitet, sie war aufwendig und ein besonderes Ereignis. Dafür gab es sogar eine besondere Reisegarderobe. Manche Reisende hatten sie noch – oder schon wieder, andere zogen die feinsten Sachen an. Man wandelte in den Bahnhofshallen und auf den Bahnsteigen auf und ab wie in einer Theaterpause. Die Bahnbeamten waren stolz auf ihre neuen Uniformen und die neuen Züge mit den modernisierten Waggons. Aber sie waren auch noch unterwegs: Die aus der Gefangenschaft heimkehrenden Soldaten, die Flüchtlinge, die Heimatlosen, die Suchenden.

In den neuen Speisewagen bedienten Kellnerinnen und Kellner engagiert und freundlich. Die Tischplatten waren nun aus Resopal, das allerdings nach einem Jahr aussah wie alte Klostermauern, und die neuen, hellbraunen Kunststoffsitze waren hoch willkommen, weil sie die alten und unbequemen Holzbänke abgelöst hatten. Alle waren sich darin einig, daß das neue Material irgendwie rieche. Aber in der Euphorie der Zeit wagte es niemand auszusprechen, was jeder empfand, daß nämlich das Zeug, besonders in den Raucherabteilen, barbarisch stank. Aber es war modern, und wir sollten es erst fünfzig Jahre später wieder loswerden.

Mit dem alten Fahrrad als Gepäckesel an den Bahnhof. Sie reisen vom Bergischen Land nach Ruhpolding. Mit der Bahn. Lange Vorbereitung, große Aufregung, hohe Erwartungen an Reise und Urlaub. Mit dem Bummelzug ging es von zu Hause ab, und mit dem Bummelzug würde man ankommen. Und zwischendrin der große, schnelle D-Zug.

Wir reisen wieder, und die Plätze in den Abteilen werden erstürmt. Wir sind unterwegs, nach all den schlechten Jahren. Und in den Hotels, wie hier in Köln, herrscht wieder Hochbetrieb. Vom Hauptbahnhof rollt das Gepäck heran.

Es war nicht Routine erfahrener Urlauber, und es war nicht nur Kommerz am Ankunftsort. Es war echte Freude am Neuen, Fremden. Die Gäste waren neugierig auf die, die sie am Ferienort antrafen und die Einheimischen auf die, die aus anderen ferneren Gegenden des Landes oder dem Ausland ankamen. Die Strapazen der Reise waren schnell vergessen, wenn wir am Urlaubsort einen freundlichen Service vorfanden.

◄▼Es waren auch die Namen der Sonderzüge, die das Fernweh weckten. Wer im Lande den „ALPEN - SEE - EXPRESS“ vorbeirauschen sah, saß ein Jahr später selber drin. Und auf die Insel Sylt ließen wir uns gerne verladen. Wenn wir nur schon wenigstens eine „BMW-Isetta“ besessen hätten! Aber selbst die war für viele noch unerschwinglich. Allerdings: Wir betrachteten sie eher als ein Übergangsvehikel. So schön, wie ein Käfer war sie nämlich nicht, aber ...

◄Die ersten neuen Bahnhofshallen sind wiederhergestellt. Moderner und mit viel Glas und Licht. Nach Krieg und Nachkriegselend brauchten wir Licht, freie Sicht auf die Welt, die transparenter werden sollte.

Das Fahrrad, das Motorrad und der Motorroller

In der ersten Hälfte der fünfziger Jahre begannen die Sommerferien überall im Lande Anfang Juli. Wer an einer großen Bundesstraße wohnte, schob sein Fahrrad aus dem Haus, saß auf und schon fuhr er inmitten einer endlosen Kolonne zum Beispiel in Richtung Süden – bis zur ersten Etappe, einer Jugendherberge oder einem Bauernhof, vielleicht achtzig oder hundert Kilometer von zu Hause entfernt. Vor allem Jugendliche strampelten sich auf diese Weise nicht selten zum ersten Mal und im wahrsten Sinne des Wortes von zu Hause los. Von Etappe zu Etappe wechselten häufig die Cliquen, je nachdem, wer welches Ziel hatte und in welcher Richtung weiter fuhr. Und manchmal wechselte man auch das eigene Ziel, wenn einem die Clique gefiel und man einfach dabei bleiben wollte, vielleicht auch wegen der Mädchen oder der Jungen, die dabei waren. Wer weiß! Aber auch ganze Gruppen radelten gemeinsam los. Manchmal waren es vierzig, die hintereinander auf der Landstraße fuhren, und der letzte mußte die Autofahrer, die von hinten kamen, warnen.

Die Bundesstraßen rechts und links des Rheins waren die großen Rennstrecken, aber z. B. auch die südhessische Bergstraße von Darmstadt aus westlich des Odenwaldes nach Heidelberg, Schwetzingen, Speyer und weiter nach Basel oder über das Allgäu nach Österreich und von dort weiter nach Italien. Aber auch Richtung Norden zur See oder Westen nach Frankreich, Belgien und Holland zog die Schlange. Riesenprojekte waren das! Nur wenige Kilometer voneinander entfernt hatten sich Kioske etabliert. Man brauchte Getränke, Straßenkarten, die ersten Postkarten für die Eltern. Es gab improvisierte Fahrradwerkstätten, regelrechte Boxen, wie auf Rennstrecken, die die Pannen reparierten oder Werkzeuge ausliehen. Bauernhöfe, kleine Pensionen waren darauf eingestellt, die Radtouristen unterzubringen. Die alten Jugendherbergen, hauptsächlich auf Wanderer eingestellt, waren dem Ansturm nicht gewachsen.

Irgendwann fuhr man in Innsbruck, Bozen, Venedig, Salzburg Wien oder Rosenheim ein, hatte alles und manchmal nichts gesehen, tausend Leute kennengelernt, unmögliche fremdartige Sachen gegessen, im Bodensee, einem eiskalten Bergsee, im reißenden Inn oder im Mittelmeer geschwommen. Und man hatte das goldene Dachl und irgendwas von Mozart in Erinnerung, wußte, oder wußte nicht mehr, wer Andreas Hofer war, sprach über Fahrräder, über Mädchen oder Jungens, die Vorzüge von Mopeds, Motorrädern und Autos – im Vergleich zur Mühseligkeit des Fahrradschiebens – und wollte trotzdem eigentlich nicht nach Hause. Und deshalb hatte man auf der Rückfahrt stets den Eindruck, es wehe heftiger Gegenwind.

Während des Krieges und in der Zeit danach war das Fahrrad das verbreitetste Verkehrsmittel. Wir fuhren damit zur Schule, zur Arbeit und zum Einkaufen und bis zur nächsten Stadt. Mit dem Fahrrad transportierten wir alles mögliche, sogar unsere Kleinkinder, und wenn der Gepäckträger nicht ausreichte, gab es Körbe oder man bastelte sich Taschen oder andere Behältnisse, die wir am Rad anbrachten.

Mit dem Fahrrad fuhren wir zum nahen See zum Baden, zum Picknick oder zur Kirmes in den Nachbarort. Und wir machten die ersten Versuche, weiter weg zu kommen. Ziel waren der Rhein, die Nordsee, die Gebirge oder große, aufregende Städte.

Es begannen sehr bald die großen Ferienfahrten mit dem Fahrrad. Wochenlang durchzogen wir mit eigener Muskelkraft die Landschaften. Mit viel Gepäck in den neuen Gepäcktaschen, die über den Gepäckträger gespannt wurden, auf dem auch noch das Zelt, die dicke Decke oder der alte Tornister aus der Jugendbewegung der 20er Jahre festgeschnallt wurde. Das Rad war nicht selten so schwer wie wir selber.

▲Nicht alle Motorräder waren während des Krieges beschlagnahmt worden. Manche hatten im Stall oder im alten Schuppen unter Strohballen oder Gerümpel überlebt. Heimlich waren sie von Zeit zu Zeit gewartet worden, bis die Zeit kam, in der wir sie wieder hervorkramen konnten, nicht ohne Angst vor unangenehmen Fragen der Nachbarn. Schnell waren sie wieder flott. Sie wurden gehegt und gepflegt, und jeder war ein Spezialist für Motorräder!

▶ Die NSU 200 Ponny war Baujahr 1938. Mit ihr fuhr der Besitzer 1952 in den Urlaub zum nahen Edersee in Nordhessen. Wenn sie auf der Straße an uns vorbeifuhr, wußten wir die Marke und die Bezeichnung, wenn sie auch noch so alt war.

Mit diesem – vergleichsweise bescheidenen – Motorrad und 350 Mark in der Tasche fuhren die beiden 1954 nach Italien, und damit es auch jeder glaubte, wurde ein Foto unter Palmen gemacht.

Und, Stichwort Foto: Zeitgleich mit der rasanten Entwicklung des Reisens, nahm auch die Fotoindustrie einen immensen Aufschwung.

Eine Reise über Spanien nach Marokko mit einer NSU-Konsul im Jahr 1954. Die meisten von uns sind zum ersten Mal im Ausland gewesen. Grenzen, Pässe, Zollkontrollen und fremde Sprachen, all das waren Schwierigkeiten, die sowohl bei der Vorbereitung berücksichtigt, als auch bei der Reise bewältigt werden mußten. Und dazu gehörten Mut und Einfühlungsvermögen.

Wer eine 250er NSU, oder BMW, eine Zündapp, Norton, DKW oder auch nur eine kleine Quick, eine „Imme" oder gar eines der ersten Mopeds besaß, war „King" der Straße – und zeigte es auch. Die größeren Maschinen, die mit den Seitenwagen, transportierten ganze Familien – mit Gepäck. Und sie brausten an den Radlern vorbei wie nichts. Aber sie wollten auch noch weiter, wenn sie es denn schafften. Denn nicht selten überholte man sie als Radfahrer beim Bergaufschieben an den Bergen des Schwarzwaldes oder auf den steilen Alpenpässen. Die Maschinen dampften und stanken nach Öl, und die Familie schimpfte herum. Aber sie waren mutig und voller Zuversicht. Manche kamen bis Sizilien, weit hinunter nach Spanien, Portugal und sogar bis nach Marokko. Und einige nur noch bis zum nächsten Dorf! Das Motorrad hatte Konjunktur. Jetzt war man unabhängig von Bahnstrecken und Fahrzeiten, und man brauchte nicht mehr, wie beim Fahrrad, mit eigener Kraft treten und bergauf schieben. Es rollte einfach auch so. Und „Bella Italia", das neben Österreich und der Schweiz am meisten besuchte Urlaubsland, brachte uns die Motorroller VESPA und LAMBRETTA, mit einem eigenen „Damensitz", nämlich einem speziellen Sattel, auf dem Damen nur züchtig seitlich Platz nehmen durften. Aber darauf blieben sie nicht lange sitzen. Die Konstrukteure waren offensichtlich davon ausgegangen, daß die Damen ewig Röcke tragen würden, und kein Mensch ahnte, wie schnell sich die Hose auch bei den Frauen durchsetzen würde. Und so eroberten sie schnell den Fahrersitz und fuhren selbst, und das nicht selten weit weg. Und die Motorroller sahen auch nicht so martialisch aus wie die meisten Motorräder. Sie waren leicht gebaut, hatten kleine Räder und waren alles in allem eine gefällige Erscheinung. Außerdem behielt man bei Regen trockene Beine. Schnell wurden sie zu richtigen Reisefahrzeugen. Es war unmöglich, mit ihnen zu rasen, und so pendelten wir uns auf eine gemächliche Geschwindigkeit ein, und das Gerät brachte uns zuverlässig und sicher ans Ziel.

Achtzehn Jahre alt und mit dem Motorrad von Wipperfürth nach Australien. Abenteuerlust, Neugierde, Unbefangenheit waren oft die treibenden Motive für ein derartiges Unternehmen. Wer eine solche Reise unternommen hatte, war um unendlich viele Erfahrungen reicher geworden. Und wer gut zurückkam, konnte nicht nur viel berichten, sondern er motivierte auch andere.

▲ ▼ ▶ Für eine Siebzehnjährige blieb Motorradfahren ein Traum. Die Maschinen waren offensichtlich nur für Männer konstruiert worden. Frauen wurden auf den „Sozius“ verwiesen. Doch dort blieben sie nicht lange sitzen.

▲Auch in der DDR wurde das Motorrad zum begehrten Verkehrsmittel. Dort hatten sie dieselben Sehnsüchte nach der Ferne, dieselbe Neugier auf andere Länder und deren Menschen und dieselbe Lust, einfach zu fahren, zu reisen und hierfür schnelle Fahrzeuge zu haben. Aber die politischen Verhältnisse erlaubten ihnen nur beschränkte Bewegungsräume. Wie hier z. B. zu den „Arbeiterfestspielen“ auf der Elbinsel in Magdeburg.

▶Vier Freunde, eine Vespa 125 und eine 250er Viktoria. Die großen Fahrten machten wir im Urlaub. Und an den Sonntagen fuhr man jedes Mal ein anderes Ziel an. Training für den Sommer!

▲ Bald saßen sie selbst im Sattel, die Frauen. Und ihre Reiseziele blieben nicht auf die nähere Umgebung beschränkt. Immer häufiger tauchten sie in den Kolonnen auf den Straßen oder an den inzwischen bekannten Treffpunkten der Motorradfahrer entlang der großen Strecken auf.

▶ Die Vespa. Die Dame sitzt seitlich – wie früher im Damensattel auf dem Pferd. Und man trägt normale Kleidung. Die Vespa – und später die Lambretta – waren Boten des Südens, um den sich die meisten Reiseträume drehten. Sie hatten es nicht schwer, den Markt in Deutschland zu erobern. Die Motorroller rollten schon bald wieder mit Personal und Gepäck in ihr Heimatland Italien zurück. In den Urlaub!

◀ Eine Vespa mit Beiwagen. Eine besondere Attraktion! Diese hier sollte ein Hochzeitspaar von Hannover nach Innsbruck und Venedig bringen. Am Brenner soll sie schlapp gemacht haben. Wollte sie nicht in ihr Geburtsland Italien zurück, oder hatte das Paar ihr doch zu viel zugemutet? Oder trugen die Hochzeitsreisenden vielleicht die falsche Garderobe?

▶ Es wurden immer mehr. Und sie wurden zu bedrohlichen Horden, die allerdings weder Angst noch Schrecken verbreiteten. Den Fahrrad- und Motorradkolonnen folgten die Motorrollerkolonnen. Motorroller-Clubs waren entstanden, Clubtreffen wurden zu sonntäglichen Ereignissen.

P
Auffahrt

Und noch immer fuhren sie in der selben Garderobe, die sie beim Einkaufen oder Spazierengehen trugen. Hier und da tauchte noch eine alte Motorradmütze aus Leder auf, mit der obligatorischen Schutzbrille, und gelegentlich sah man auch schon die ersten Helme. Vespa und Lambretta und allmählich auch andere Marken wie Heinkel- und Gogoroller eigneten sich besonders für Strecken in der Ebene, wie auf den Fotos aus Lüneburg. Immerhin hatte die „Maschine" einen Hubraum von 125 Kubik und fuhr bis zu 100 Stundenkilometer, war also durchaus in der Lage, auch Berge zu überwinden, wenn auch nicht mit 100 „Sachen".

VESPA-CLUB
OBERBERG

◀ ▲ Auch das Moped erschien in den 50er Jahren auf den Straßen. Es konnte sich zunächst nicht so einfach zwischen Fahrrad, Leichtmotorrad und Roller plazieren. Aber schließlich hatten alle, wie heute, ihre Vorzüge und Macken. Hauptsache war, man kam damit weg!. So stand dem Sonntagsausflug nichts mehr im Wege. Mit Sack und Pack und frisch gestärktem Petticoat ging's raus ins Grüne.

Große Fahrt und großes Gepäck auf kleinem Roller. Das war`s: Alles dabei, autonom und dorthin fahren können, wohin man schon immer wollte. Sie fuhr von Saarbrücken, über Basel und über den St. Gotthard-Pass nach Mailand, Genua, dann die Küste entlang bis Marseille und zurück durch das Rhonetal. Die Touristen trafen sich oft in Jugendherbergen, kleinen Hotels und Pensionen, tauschten Erfahrungen aus, gaben sich Tipps für neue, interessante Strecken, Sehenswürdigkeiten und Unterkunftsmöglichkeiten.

◀ In der DDR gab es die „Wiesel“, einen der Lambretta ähnlichen Roller. Sie war besonders für die jungen Leute dort genau so wichtig wie für die im Westen. Der SED-Staat ließ sie allerdings nicht über die Grenzen. Eine ihrer wichtigsten Forderungen vor dem Fall der Berliner Mauer war deshalb auch die Reisefreiheit.

▶ Es war noch nicht alles verboten, und es gab auch noch keine Erfahrungen mit den Unfallrisiken, wie wir sie heute kennen. Und so fuhr die kleine Tochter auf dem Motorroller einfach mit. Von Gelsenkirchen bis nach Mittenwald in den Urlaub. Die schnellen Autobahnverbindungen gab es noch nicht, und so fuhr man den größten Teil der langen Strecke auf den alten, hier und dort einigermaßen geflickten Landstraßen.

◄▼Den Wolfgangsee kannten wir nur aus der Operette. Und natürlich wurde er zu einem attraktiven Reiseziel. Ins „Weisse Rössl“ wollten wir. Oder wenigstens in die Nähe. Rudi Schurike, Vico Toriani und andere Schlagersänger lockten uns zu Tausenden zum Lago Maggiore, Luganer oder Comer See und hauptsächlich zum Gardasee, dem exotischen Vorboten des sonnigen Südens. Hier erfüllte sich schon ein Teil unserer Träume, schon gar, wenn wir es mit unseren Roller geschafft hatten dorthin zu kommen. Vico Toriani war zwar nicht zu Hause, aber das war egal. Was er versprochen hatte, stimmte immerhin.

▼Nach der langen Reise wieder volltanken! Vielleicht will sie aber auch gerade erst los fahren. Wir wissen es nicht. Die Tankstellen waren noch klein, und sie verkauften tatsächlich nur Benzin und Diesel, Diesel allerdings nahezu ausschließlich für Lastwagen. Die Diesel-PKW „klopften“ und stanken unerträglich.

Das Auto

Nur wenige besaßen vor dem Zweiten Weltkrieg ein Auto, und wer eines hatte, dem wurde es während des Krieges beschlagnahmt. Die Opel, Adler, Wanderer, DKWs, Mercedes bekamen eine Tarnfarbe und kaum jemand erhielt seinen geliebten Wagen zurück, schon gar nicht unbeschädigt. Der Volkswagen, der ein Auto für jedermann sein sollte, war nur in kleiner Stückzahl produziert worden.
Ein Auto zu besitzen, war nach Kriegsende ein Traum für die meisten. Der wirtschaftliche Aufschwung ab der Mitte der 50er Jahre ermöglichte dann eine schnelle Entwicklung der Autoindustrie. Sie wurde, neben Bergbau und Bauindustrie, sogar zur Schlüsselindustrie. Bald herrschte weitgehende Vollbeschäftigung, und die Banken schufen günstige Kreditbedingungen und beschleunigten auf diese Weise den Kauf und die Produktion von Autos. Das Auto wurde zum Wohlstandssymbol. Neben Fahrrad, Motorrad und Motorroller erschienen immer mehr Autos auf den Straßen. Vor allem während der Urlaubszeit rollten nun auch immer mehr Autos in Richtung der Urlaubsgebiete. Die Fernstraßen waren noch nicht ausgebaut, führten noch durch Dörfer und Städte, Umgehungsstraßen wurden erst viel später gebaut. Die Autobahnen waren ebenfalls noch unvollständig. In Richtung Süd/Südwesten endete sie in Karlsruhe, im Norden bei Northeim. Nach Osten endeten die beiden alten Strecken nach Berlin an der Grenze zur DDR.
Schon am Ende der 50er Jahre gab es für Radfahrer kaum noch Platz auf den Straßen. Eine Fahrradtour zur Weltausstellung nach Brüssel im Jahr 1958 z. B. geriet bereits zum „Horrortrip“. Und so verschwanden Fahrräder und Motorräder allmählich in den Schuppen. Die meisten der Urlauber packten nun ihre Lloyds, VWs, DKWs, Gogos, Opel usw. mit Gepäck voll und rollten auf die große Fahrt. Zweiräder wurden erst Jahrzehnte später wieder hervorgeholt bzw. kamen wieder in Mode, nun aber eher aus gesundheitlichen, ökologischen und sportlichen Gründen oder aus Liebhaberei. Und als Ergänzung des Autos. Das Fahrrad fuhr und fährt auf dem Autodach mit.
Das Auto wurde zum Haus auf Rädern. Es bot Schutz vor schlechtem Wetter und man konnte notfalls auch darin übernachten. Ein Urlaub mit dem Auto war die Erfüllung lang gehegter Träume. Die Staus auf den Autobahnen wurden schon früh als Preis für einen schönen Urlaub hingenommen. Das Auto war – und blieb – der Traum vom Fliegen!

Schon seit 1948 organisierte die Rüsselsheimer OPEL-AG nach amerikanischem Vorbild Seifenkistenrennen für Kinder. Und von da an konnte sich ein kleiner Rennfahrer nicht mehr vom Auto trennen, es kaum abwarten, bis er 21 war, um den Führerschein machen zu können. Er und seine vielen „Rivalen“ im ganzen Lande waren die sichersten Auto-Kunden der Zukunft.

Und es hat einfach Spaß gemacht. Die Räder stellte Opel, keine „Kiste“ durfte andere verwenden. Chassis und Karosserie blieben der Phantasie der kleinen Konstrukteure überlassen. Kein Vater oder anderer Erwachsener durfte helfen. So hieß es in den strengen Bau-Richtlinien. Und kein Vater hielt sich daran!!!

Das schwarze Autokennzeichen BN stand für „Britische Zone Niedersachsen", so wie AH für „Amerikanische Zone Hessen". Und die Kölner hatten wieder einen Karnevalsschlager kreiert: „Wir sind die Eingeborenen von Trizonesien – heidi tschiwwela – tschiwwela – tschiwwela – tschiwwela – bumm ..." Die Vorkriegswagen, die manchmal in Einzelteile zerlegt und gut versteckt den Krieg überstanden hatten und noch fuhren, wurden sofort wieder flott gemacht, und ab ging es in den Urlaub.

Alte und neue Motorräder und Autos, moderne Motorroller und vereinzelte Mischlinge wie Mopeds fuhren schon über die Straßen. Aber viele waren noch nicht motorisiert. Und nun erschien der „Schneewittchensarg“, der Messerschmitt-Kabinenroller auf der Bühne der motorisierten Welt. Er bot nicht nur ein Dach über dem Kopf, sondern auch zwei Sitze. Die Kanzel wurde nach oben aufgeschlagen, und man stieg ein wie in einen Rennwagen oder in eine Flugzeugkabine. Im Vergleich zum VW-Käfer war er ein „Floh“, und wenn man damit schön rechts fuhr, konnte einem nichts passieren. Aber der Verkehr hielt sich noch in engen Grenzen.

Wieder eine neue Variante: Das „Adventauto“. Die Formel zum Öffnen der Klappentür vorne lautete: „Macht hoch die Tür ...“

Für Liebespaare war sie die „Knutschkugel“ und für alle das „Schlagloch-Such-Gerät“. Wich man vorne einem Schlagloch aus, rollte man mit dem Hinterrad mit Sicherheit hinein! Die BMW-Isetta. Obwohl viele Straßen noch voller Schlaglöcher waren, fuhren sie auch damit in Urlaub, zumindest aber am Wochenende hinaus in die Natur. Trotzig schlossen sie sich zu Clubs zusammen, um gemeinsam gegen das Schmunzeln der stolzen Besitzer „richtiger“ Autos zu kämpfen. Die Isetta wurde zur Legende.

▲Eine Sonderschau der Firma Borgward am Anfang der 50er Jahre in Bonn. Wir sehen überwiegend Nutzfahrzeuge, weniger PKWs. Der wirtschaftliche Aufschwung erforderte Fahrzeuge, die Waren transportieren oder zum Reisen genutzt werden konnten. Der „Borgward Hansa 1500" vorne rechts, war der erste nach dem Krieg konstruierte deutsche PKW. Borgwards galten als besonders fortschrittliche Autos, der letzte Typ war die Isabella, ein vielbewundertes Nobelauto. Aber die Kreativität Carl Borgwards trieb ihn einige Jahre später in den Ruin. Der alte Autobauer konnte sich gegen die Rationalisierung in der Autoproduktion nicht durchsetzen.

▼In den Städten nahm der Verkehr rasch zu. Ihm hatten sich alle städteplanerischen Aspekte unterzuordnen. Immer mehr Autos brauchten Parkplätze, möglichst nah an den Zentren mit den neuen Geschäften. Neue, ampelgesteuerte Kreuzungen, breite Ein-und Ausfallstraßen wurden gebaut. Der große Reiseverkehr in den Sommerferien rollte noch zusätzlich durch die Städte, weil die Autobahnen entweder noch unterbrochen oder nicht einmal geplant waren. Die erste Linksabbiegerkreuzung wurde in Kassel bestaunt. Und dort gab es auch die erste autofreie Fußgängerzone.

◀Das Tankstellennetz mußte modernisiert und ausgebaut werden. Die professionelle Wagenpflege kam dazu. Viel Geld hatten wir für das Auto ausgeben müssen. Deshalb sollte es nicht nur lange leben, sondern auch fein aussehen. An die Zapfsäulen ließ man uns allerdings noch nicht heran. Das war Sache des Tankwarts, der auch noch die Scheiben putzte, Öl, Wasser und Reifendruck kontrollierte und natürlich auch ein Trinkgeld bekam – jedenfalls manchmal!

▲ ▶ Das große Ereignis, vor allem für Kinder, war das Erscheinen eines neuen Autotyps auf der Straße, wie hier der 190 SL Mercedes oder der Borgward Goliath. Zu Hause und in der Schule mußten wir mitreden können. Wir kannten sie alle, die Autos, alle Details, und jede und jeder hatte ihre und seine bevorzugte Marke und hielt sie für die beste auf dem Markt. Daß wir dann später doch eine andere Marke fahren würden, hätten wir empört zurückgewiesen.

Auf unzähligen Fotos erschien unser erstes Auto. „Unser erstes Auto – mit Tante Hildegard und Onkel Franz und Horst, als er noch klein war" oder so ähnlich lauteten die mündlichen oder schriftlichen Kommentare zu den Bildern, damit wir uns erinnern können, wissend um das Vergängliche, denn ein Auto hielt nicht ewig. Die Erfahrung hatten auch schon einige gemacht.

Das Auto gehörte zum neuen Leben und wurde das blecherne Mitglied der Familie. Je größer der „Wagen", um so größer auch der eigene Status in der Straße und der Gesellschaft überhaupt. Und wer einen „Amischlitten" fuhr, zeigte schon damit, daß er nicht nur Geld und möglicherweise gute Beziehungen, sondern vor allem auch wirtschaftlichen Erfolg hatte, er hatte es geschafft!

Außerdem war das Auto Männersache. Davon waren die Männer fest überzeugt. Und so glaubten sie, daß ihr Glück bei den Frauen hauptsächlich davon abhing, wie schnittig ihr Auto – mit ihnen persönlich am Steuer – aussah. Auto fahrende Frauen – darüber gab es unzählige Witze. Aber die Frauen fuhren, und so manche Mutter, die kurz vorher noch mit dem Fahrrad zum Einkaufen gefahren war, saß plötzlich hinter dem Steuer und fuhr die ganze „Family“ in den Urlaub. Und ganz schlimm für so manchen „Piloten“ wurde es, wenn aus dem VW-Käfer eine junge, elegante Fahrerin ausstieg.

Ein einsamer Opel auf der Autobahn bei Kassel, 1950. Lange blieb es nicht so leer, denn nicht nur Deutsche nahmen die großen Strecken auf ihrer Urlaubsreise, sondern auch immer mehr Ausländer, vor allem Skandinavier rollten auf den vorhandenen Strecken in die Ferien. Aber auch die Autobahnen befanden sich noch einige Jahre in schlechtem Zustand. Die Fahrbahn bestand aus Betonplatten. Aus den Ritzen dazwischen wuchs gelegentlich Gras, und sie hoben sich, je mehr Autos über sie hinwegfuhren.

▼ ▶ Während die einen schon in die Ferne fuhren, blieben andere zunächst im Lande – und beim Picknik „on tour“ immer schön in Straßennähe. Die Sonntagsreise zum nahen oder entfernteren See für die ganze Familie ermöglichte nur das Auto, vor allem, wenn man anhalten konnte, wo es einem gefiel. Es war eben auch ein besonderes Charakteristikum des Autos, daß man ganz individuell bestimmen konnte, wohin man fahren, welche Strecke man nehmen und wo man anhalten wollte – oder mußte! Das Auto war das Vehikel der Unabhängigkeit.

▼ ▶ Nicht von einer Lok gezogen, oder einem Bus transportiert zu werden, sondern selber das Steuer in der Hand zu haben, selber Ziel und Geschwindigkeit zu bestimmen, das erlebten wir als Freiheit. Und Berge zu überwinden, Pässe zu bezwingen, auch unter schwierigen Bedingungen gefährliche Straßen zu bewältigen, das waren nicht nur im Urlaub neue Herausforderungen. Das war Gesprächstoff auf den Campingplätzen, in den Hotels und zu Hause. Vor allem, wenn man es mit einem Gogo, einem der ersten Kleinstwagen geschafft hatte.

▶ Die Erfahrungen, die inzwischen mit den vorhandenen Autos vor allem im Urlaub gemacht wurden, forderten neue Entwicklungen in Technik und Komfort. Die Autos wurden rasch leistungsfähiger, sicherer und vor allem bequemer.
Eine Reise zum Gardaseee z. B. mit dem neuen DKW im Jahr 1954 kam schon einer Reise in der 1. Klasse gleich.

▲ ▼ ▶ Der VW-Käfer lief und lief und lief – wie die Werbung es versprach. Bis Südspanien und nach Gibraltar – nicht ohne Panne, aber die konnten wir selbst beheben, wir kannten das Reifenflicken noch vom Fahrrad her. Und alles wurde im Foto festgehalten, damit niemand später anzweifle, daß wir dort gewesen waren. Aber auch, damit wir uns erinnern. Denn für viele war der erste Trip in die Welt ein großer Schritt. Vor allem wer neugierig und offen für das Neue war, bekam neue Orientierungen für sein Leben, hatte erfahren, wie wichtig Toleranz und Einfühlungsvermögen sind. Und man hatte viel über sich selbst erfahren. Es mußten Grenzen überwunden werden, man mußte sich in anderen Sprachen verständigen, viele schnelle Entscheidungen treffen, mit fremden Leuten umgehen – und den Freunden ein guter Freund sein können.

▲ ▼ Start der Deutschlandfahrt 1953 in Lüneburg: Die Fahrt ging über alle Straßentypen des Landes, durch unzählige Dörfer und Städte, und sie war eine Herausforderung an das Können der Fahrerinnen und – in der Überzahl – Fahrer. Es gab Wertungen, aber die Deutschlandfahrt war kein Rennen, sondern eine Prüfung verkehrsgerechten Verhaltens, und sie war eine riesige Werbeveranstaltung für das Auto sowie eine willkommene Gelegenheit zu Fachsimpeleien rund ums Auto.

◀ ▼ Ein Fleck vom springenden Ball, ein Spritzer aus dem Schlaglochwasser, ein unschuldiger Vogeldreck oder gar ein Kratzer am Lack, all das konnte zu einem Familiendrama werden. Eine „fremdverschuldete" Delle war tödlich! Klar, das Auto hatte viel Geld gekostet, vielleicht war auch ein Kredit aufgenommen worden, und man wußte nicht, ob und wann man sich je ein neues anschaffen könnte. Autowaschen und Autopflegen wurde zur Samstagsbeschäftigung für Millionen. Auf der Straße, im Hof, auf der Bleichwiese, überall wurden sie gewaschen und mit Lupen nach Kratzern abgesucht. Jeder hatte den besten Lackreiniger, mit dem man nicht nur kleinste Kratzlinien beseitigen, sondern den Wagen auch auf Hochglanz bringen konnte. Und innen erst! Wie im Wohnzimmer, so mußte es aufgeräumt und blank geputzt sein. Und es mußte nach „neu" riechen, wofür es schon bald sogar ein besonderes Spray gab. Wie auch immer: Ohne Kratzer kam kein Auto aus dem Urlaub zurück!

Der Verkehr wurde zu einem normalen Bestandteil des Alltags. Und er wurde immer gefährlicher, vor allem für Kinder. In Verkehrsgärten wurden sie für die automobile Umwelt trainiert. Die ersten Schülerlotsen wurden ausgebildet und an gefährlichen Stellen eingesetzt. Das Auto hatte längst Eingang in die allgemeine Lebenspraxis gefunden. Und die kleinen Strecken auf dem Übungsgelände, die erste eigene Fahrt zum See oder an den Waldrand, sie waren die Vorbereitung auf die ersehnte lange Urlaubsreise mit dem Auto zu den Stellen, die man sehen und wo man etwas erleben wollte. Und es hat geklappt!

Der Bus

Manchmal war es ein bei Kriegsende liegengebliebener oder von Soldaten einfach stehengelassener, meist zerbeulter Militärbus in Feldgrau oder gefleckter Tarnfarbe, den sich ein cleverer Bastler wieder flott gemacht und damit den ersten kleinen Linienverkehr von Ort zu Ort eröffnet hatte. Und nicht selten sind aus solchen Anfängen schnell florierende Busunternehmen entstanden, die z. T. heute noch in der bereits dritten Generation bestehen.

Eine Fahrt mit diesen Bussen erforderte nicht nur Geduld, sondern auch körperliche Kondition. Man wurde als Fahrgast ordentlich durchgeschüttelt, doch daran gewöhnte man sich mit der Zeit. Die müden Dieselmotoren hämmerten schwarzen Rauch aus den Auspuffrohren, und die Kühlerhaubenklappen über dem Motorblock machten während der Fahrt ebenso viel Lärm wie der Motor selbst. Aber das nahmen wir auf uns, wenn der erste Schulausflug oder die erste Reise mit der Jugendgruppe oder dem Verein noch mit einem solchen Monstrum zu bestreiten war.

Natürlich hatten viele noch keine privaten Autos, und andere konnten einfach noch nicht oder nicht mehr selber fahren, z. B. die Kinder und Jugendlichen – erst ab 21 Jahren gab es den Führerschein, und dann mußte noch ein Auto her – oder die Alten.

Aber auch die meisten Arbeitnehmer waren noch nicht motorisiert. Und der Bus ermöglichte es eben auch, mit einer größeren Gruppe zu reisen. Betriebsausflüge begannen, Fußball-Fanclubs fuhren ihren Idolen nach, und sogar Urlaubsfahrten gab es schon. Am Anfang der 50er Jahre lösten neue Busse die altgedienten Omnibusse ab. Mercedes brachte einen Bus auf den Markt, der keine „Schnauze“ mehr hatte, innen hochmodern war und neben sonstigem „Schnickschnack“ sogar schon mit Toilette und Waschbecken ausgestattet war. Der Bustourismus war entstanden, und die Busfahrer wurden zu den ersten „Europabürgern“. Denn sie fuhren die Reisenden sowohl nach Norwegen, England und Frankreich, als auch nach Spanien und Sizilien. Sie kannten sich überall aus, und die Jungen wollten alle, wenn nicht Pilot, dann Busfahrer werden.

Die Belegschaft einer Lüneburger Busfirma im Jahr 1950: Sie organisierte den gesamten Busverkehr in der Stadt und teilweise im Landkreis, bot aber auch schon Ausflugs- und Urlaubsreisen an.

HEIDEFAHRTEN
mit modernen Reisebussen
nach Undeloh (Naturschutzpark)
am Mittwoch, dem 22. August, 14 Uhr, ab Rathaus
mit Führung auf landschaftlich besonders schönem Wege
zum Wilseder Berg und Wilsede - Fahrpreis 2,75 DM
LUNEBURGER REISE- u. VERKEHRSBURO
Inh. G. O. Menke Marktplatz-Rathaus Tel. 55 55

Busreisen der Volkshochschulen befriedigten das starke Bedürfnis, die kulturellen Sehenswürdigkeiten, zumindest im eigenen Land, zu besuchen. Und Vereine oder, wie hier, ganze Fußballmannschaften unternahmen längere Reisen.

Einer der neuen Busse aus dem Jahr 1955 vor dem Schalker „Glück-Auf-Stadion". Der Bus hatte einen Heckmotor und eine flache Front. Und wesentlich mehr Sitzplätze als die alten.

In den Zentren der Städte gab es bald nicht mehr genügend Parkplätze für die riesigen Busse. Notdürftig wurden freie Stellen außerhalb ausgewiesen, und nicht selten wurde es für die Reisenden ein langer Weg in die Stadt.

Die Jugendorganisationen schickten ihre Jugendlichen auf die Reise. Eine Fahrt, schon 1953, mit dem Bus nach Italien war natürlich ein Abenteuer, denn in unserer Vorstellungswelt war Italien so weit weg wie Südamerika. Die Routen gingen über die Schweiz nach Oberitalien, dort von Ravenna nach Florenz und zurück über Pisa und Genua. In den Gepäckräumen der Busse stapelten sich Zwei-Mann-Zelte, und die waren in der Rekordzeit von vier Minuten aufgebaut, wo immer wir anhielten. Und wenn wir zurückkamen, berichteten wir über die Bodensitzklos, vor denen wir ratlos fast kapituliert hätten und den sechsbeinigen Drachen als Reklametier der Benzinmarke „Agip" auf gelbem Schild, das wir zuerst für ein italienisches Verkehrswarnschild für „Wildwechsel" gehalten hatten, und vieles Wunderliche mehr.

Die Schiffsreise

Die klassische Schiffsreise war in den Vorkriegsjahren nur wenigen und besonders betuchten Reisenden vorbehalten. Es waren überwiegend Auswanderer, Geschäftsreisende oder Angehörige von Familien, die im Ausland lebten. Die Nazi-Freizeit-Organisation „Kraft durch Freude“ bot Überseereisen an, in der Regel aber für höhere Funktionäre der Partei oder „verdiente Kämpfer“. Nach dem Krieg setzte wegen der perspektivlosen wirtschaftlichen und damit auch existenziellen Situation in den drei Westzonen noch einmal eine Auswanderungswelle ein, vorwiegend nach Kanada und Australien, wo Fachkräfte Arbeit finden konnten. Der Schiffstourismus beschränkte sich auch Flußfahrten, vor allem auf dem Rhein, wo bereits seit Mai 1946 die alte Köln-Düsseldorfer-Schiffahrtsgesellschaft ihren Betrieb wiederaufgenommen hatte. Von ihren 28 Dampfern waren im Krieg 22 zerstört worden. Und die acht intakten Schiffe befuhren schon wieder weite Rheinstrekken. Ansonsten war die Fahrt mit einer der Fähren, vor allem von den deutschen Seehäfen an Nord- und Ostsee nach Skandinavien, ein Ersatz für eine große Seereise. Die meisten aber fuhren einfach in die Hafenstädte und betrachteten sich die ein-und ausfahrenden Schiffe. Kreuzfahrten, wie wir sie heute kennen, gab es erst viel später.

▶ Travemünde wurde zum Tor nach Skandinavien. Auch wer nicht mitreisen konnte, war beeindruckt vom regen Fährverkehr. Und es war oft Hochbetrieb: Im Vordergrund rechts die finnische Fähre „Wellamo“, auf dem Wasser die „Drottning Viktoria“ und dahinter, bereits unterwegs, die „MS Nordland“.

▲ Eines der übriggebliebenen Schiffe der „Köln-Düsseldorfer“, der Personendampfer „Frieden“, legt an der in den 50er Jahren so genannten Anlegestelle Frankenwerft an. An einer notdürftig gezimmerten und primitiven Bude holte man sich die Fahrkarten. Musik – oft noch gespielt von einer richtigen Kapelle – gab es auch schon auf dem Schiff – und Getränke auch. Eine Rheinfahrt war meistens das Ziel einer Tages- oder Wochenendreise. Die Begegnung mit unter holländischer, französischer oder schweizer Flagge fahrenden Frachtschiffen auf dem Wasser vermittelte das Gefühl von Internationalität.

▶ Wo immer man das Schiff verließ, man war wieder irgendwo angekommenen, hatte wieder hohe Erwartungen an das Neue, Fremde.

Eis und Schnee

Der Winterstourismus profitierte von seiner langen Tradition. Unmittelbar nach Kriegsende fanden sich in den bekannten Wintersportorten wieder Skiläufer und Schneewanderer in großer Zahl ein. Vor allem Schulklassen gingen auf die Reise. Und zwar zuerst mit der Bahn, später mit Bussen. Übernachtet wurde in Skihütten und alten Gasthöfen und Hotels.
Wichtigster Faktor war der Wintersport. In der zweiten Hälfte der 50er Jahre boomte es bereits in den Schneeregionen. Alte Hotels wurden umgebaut, erweitert, neue gebaut. Neben planmäßigen Zügen und Sonderzügen fuhren nun Busse und allmählich auch immer mehr Privatautos in den Winterurlaub. Der Jahresurlaub war auf 14 Tage bemessen, und so mußten wir uns entscheiden: Winter- oder Sommerurlaub. Und viele entschieden sich für den Urlaub im Schnee.
Immer mehr Skilifte entstanden – und immer mehr Hotels. Für fanatische Wintersportler war die Teilnahme an den großen Wintersportereignissen, wie Abfahrts- und Slalomläufe und Skispringen, wo die großen Stars zu sehen waren, wie etwa Georg Thoma, einfach obligatorisch. Die Stars kannte man hauptsächlich aus der Presse und dem Radio. Fernsehen gab es erst ab 1953, man sah gemeinsam in Kneipen, und eine richtige Filmreportage konnte man erst sechs Wochen nach dem Ereignis im Kino, in der Wochenschau vor dem Hauptfilm sehen – in Schwarz-Weiß!

▲ In den Bergdörfern dienten die Straßen und Wege noch den Alltagsgeschäften der einheimischen Bevölkerung, wozu z. B. auch der Schulweg der Kinder auf Skiern gehörte. Da mußte schon entschieden werden, wer das Vorrecht auf der Straße hatte: Die am Ort gebräuchlichen Fortbewegungsmittel oder das Auto der neu auftretenden Touristenklasse. Das Auto bekam den Zuschlag, denn das Auto, ein Verkehrsmittel mit amtlichem Kennzeichen, hatte naturgemäß das Recht auf seiner Seite.

▲Bald waren die kleinen Orte in den Schneeregionen überfordert. Immer mehr Menschen kamen mit Bussen und Autos an. Immerhin, es gab noch keine Modenschau mit Wintersportkleidung. Man nahm, was man hatte, Manche hatten nicht einmal spezielle Skischuhe, sondern nur für den Alltag gebräuchliche hohe Schuhe, an denen mit findiger, hausgemachter Technik die Skier befestigt wurden. Nur Skihosen gab es. Sie gehörten zur schwarzen Panzeruniform und waren noch während des Krieges als Winteruniformhosen für die Hitlerjugend eingeführt worden. Man band die Hosen an den Knöcheln zusammen, um das Eindringen von Schnee zu verhindern. Kleidungsstücke waren gerade in der ersten Hälfte der 50er Jahre teuer und für die meisten unerschwinglich. So fand man Leute mit „Amistiefeln", umgenähten Uniformjacken, ausgedienten Fliegermützen und Trainingshosen. Aber das änderte sich rasch.

◀ ▶ ▲ Was sich die Flachländer – bis auf wenige Sonderlinge – am Anfang überhaupt nicht vorstellen konnten war, daß man sich mitten im Winter bei hohem Schnee im Liegestuhl sonnen konnte. Aber bald wußten es alle, spätestens dann, wenn die Rückkehrer braun gebrannt wieder zu Hause und am Arbeitsplatz erschienen. Auch die, die gar nicht Skilaufen konnten, waren braun. Nahezu jedes Hotel, alt oder neu, bot den Touristen eine „Schneewiese" mit Liegestühlen zum Sonnen an. Aber, ob mit Skiern oder nicht, nach einer Bergtour im Schnee lechzten alle nach einem Bier und einem deftigen Essen. Und das hatten sie, die einheimischen Wirte, in ihren Restaurants. Das Schwärmen vom guten Essen im Winterurlaub übertönte noch die folgenden Jahrzehnte, ebbte aber – leider – auch allmählich ab!

Für junge Frauen war der Schneemann der ideale, dahinschmelzende und folgenloseste Geliebte im Urlaub: Waren sie wieder weg – war er auch weg!

Manchmal sah man noch einen ausgedienten Hornschlitten, eines der vielen Geräte, die die Einheimischen seit Generationen benutzt hatten, und die wir zufällig entdeckten. Vieles erhielt durch die rasche Entwicklung auch der Wintersportgeräte binnen kurzer Zeit Museumswert, denn auch die Menschen vor Ort schafften sich modernere Schlitten und andere Gegenstände an. Aber der alte Pferdeschlitten, mit dem sie noch vor wenigen Jahren ihre Kinder in die Schule brachten, zu Ämtern, Ärzten und zum Einkaufen ins nahe Städtchen gefahren waren, bekam einen neuen Nutzwert. Nun kutschierte er Touristen, in Wolldecken verpackt, durch die Schneelandschaften des Schwarzwaldes und verdiente noch einmal ordentlich Geld – ohne selbst nennenswerte Kosten zu verursachen. Und das Pferd kostete auch keinen Sprit, sondern sein Futter wuchs im Sommer auf den Feldern.

Abfahrt – Ziele – Ankunft

Im Prinzip hat sich bis heute nichts daran geändert: Eine Reise muß vorbereitet werden. Und dazu gehörte die Ausrüstung und die Versorgung unterwegs. Natürlich gab es schon Raststätten. Aber noch keine mit Selbstbedienung. Oft mußte man unendlich lange warten bis die überforderten Kellner und Kellnerinnen eine Bestellung aufnahmen. Und teuer war es auch schon. Man nahm also so viel mit, wie man unterbringen konnte. Das Servicenetz war noch nicht so ausgebaut wie heute.
Am Ziel erwartete man vor allem Sonne oder Schnee, eine zumutbare Unterkunft und gutes und reichliches Essen. Vor allem die Menschen aus den Großstädten machten sich auf „ins Grüne“, freuten sich über ein Picknick, selbst wenn es am Straßenrand eingenommen werden mußte, oder über ein Gartenlokal oder darüber, zum ersten Mal in eine berühmte Stadt reisen zu können. Sie waren erfinderisch und pfiffig. Und die, die es wagten, über die Grenzen zu fahren, hatten Mut, waren neugierig und offen. Allerdings gab es auch nicht wenige, die im Ausland nur ihre Vorurteile bestätigt haben wollten. Und einige fuhren, wenn sie sich im Ausland auch nur eine harmlose Krankheit zuzogen, lieber nach Hamburg zurück, als sich von einem italienischen Arzt behandeln zu lassen.

1955: Mit dem BMW-Dixi, Baujahr 1930, 15 PS und 750 Kubik von Nordhessen zum Bodensee. Und ein Jahr später zur Nordsee und nach Italien. Man sah sie sogar gelegentlich noch auf der Autobahn, hauptsächlich aber auf den Nebenstraßen entlang er großen Routen. Längst wurden sie natürlich von den anderen Autos überholt, und in Tatis Film „Die Ferien des Monsieur Hulot“ bewegt sich nicht einmal der quer über die Straße liegende Hund, als sich ein solches Vehikel nähert.

▲ ▶ Das Auto machte es möglich. Schnell hatte man eine Stelle für ein Familienpicknick oder eines der Gartenlokale in der Umgebung gefunden. Einen Sonntagnachmittag vielleicht, am Feierabend im Sommer oder auch im Urlaub zu Hause.

Süssigkeiten, vor allem für die quängelnden Kinder auf den Rücksitzen, denen die Fahrerei zu lang wurde, mußten unterwegs gekauft – und wegen der nicht selten glühenden Hitze in den Autos auch sofort verzehrt werden. Nur wenige hatten schon Kühlboxen.

Schon in den 30er Jahren konnten die „Sommerfrischler" bei einem Ausflug in einer Flugzeugatrappe um den Drachenfels fliegen. Nun war es, der neuen technischen Entwicklung in der Flugzeugtechnik angemessen, in einem Papp-Hubschrauber möglich. Und so wurde die Oma zur Pilotin.

Heidelberg war ein beliebtes Ziel. Vor allem die Fahrradtouristen steuerten es an, um von dort über den Schwetzinger Schloßpark und Speyer weiter in Richtung Allgäu, Schweiz, Frankreich und Österreich zu fahren. Übernachtet wurde im „Handschuhsheimer Schlößchen“, der Heidelberger Jugendherberge oder in der von Speyer. Auf dem Neckar segelten schon längst wieder einzelne Boote. Und Heidelberg war voll mit Touristen aus Amerika.

◀ Für Kinder war eine Bootsfahrt, wie hier in Cuxhaven, der Höhepunkt ihrer grossen Fahrt. Besonders wenn sie aus dem tiefen Landesinnern kamen, waren Häfen das Sinnbild für die Reise in weite Ferne. Die vielen unterschiedlichen großen und kleinen Schiffe, die Menschen darauf, der Geruch des Wassers, all das wurde zu einem bleibenden Erlebnis.

▶ Ein Blick durch das alte Militär-Scherenfernrohr von der Strandpromenade in Travemünde über den Stacheldraht in das andere Deutschland – für 20 Pfennige!

▲„Bella Italia“ war und blieb der Favorit unter den Urlaubsländern. Jeder von uns hatte in Venedig, Florenz, Genua oder Pisa seinen ganz persönlichen Freund, und das war der Kellner Antonio, oder Vittorio, oder Luigi! Und Antonio, Vittorio und Luigi waren die ersten Repräsentanten des Landes. Was sie sagten galt für ganz Italien. Und wenn sie sagten, sie seien gute Freunde, dann waren sie es auch. Also fuhren wir im nächsten Jahr wieder zu ihnen hin – und wunderten uns, daß sie uns nicht wiedererkannten. Denn nach uns hatten sie noch einige Tausend andere Touristen zu Freunden erklärt, und da konnten wir ja nicht verlangen, daß sie sich ausgerechnet an uns noch erinnern würden!!

▶ Eine Fahrt mit der Gondel mußte schon drin sein. Egal wie. Hauptsache Venedig, ein Gondoliere und eine Gondel – wenn wir auch darin gesessen haben mögen wie Patienten im Wartezimmer eines Zahnarztes. Und die Opernatmosphäre, die phantasierten wir uns einfach dazu. Schließlich waren wir ja in Venedig, und wenn es hier nicht wie in der Oper ist, wo dann?

Venedig kannten wir. Aus der Literatur, Filmen, dem Theater, aus Opern und vom Hörensagen. Aber es war unmöglich, direkt nach dem Krieg dorthin zu fahren. Nun ging es, man konnte es sogar mit dem Fahrrad erreichen. Und schon waren wir dort, und es war, wie wir es uns vorgestellt hatten – nur teurer!

▶ Wer bis Tunesien kam, machte neue Entdeckungen. Offensichtlich verwundert und zugleich verunsichert lassen sich hier die Mädchen von einem gleichaltrigen Jungen die Schuhe putzen. Vieles war anders in anderen Ländern.

▶ ▲Neben Italien wurde Spanien schnell zum Ziel deutscher Urlauber. Die sonnigen Küsten des Landes waren noch weitgehend unbebaut, die Hotels stammten noch aus den 20er und 30er Jahren. Man besuchte die Städte, wie hier Barcelona, lernte Menschen kennen, spielte mit spanischen Kindern am Meer. Überhaupt waren die Touristen der 50er Jahre neugierig auf die neu entdeckten Länder und ihre Menschen. Und sie hatten auch die Chance dazu, sie kennenzulernen. Später, als die Hotelkomplexe entstanden, entstanden gleichzeitig „Ghettos“, und die zwischenmenschlichen Kontakte beschränkten sich auf das Personal der Hotels, Restaurants und Cafès.

Am Ende der 50er Jahre hatte sich die Republik weitgehend erholt. Auto und Urlaub wurden zur Selbstverständlichkeit und zu ergiebigem Gesprächsstoff in der Familie, unter Freunden und Kollegen. Die Autos wurden immer besser und komfortabler, Urlaubszentren im In- und Ausland hatten sich etabliert und zogen immer mehr Menschen an. Das steigende Einkommen führte zu ständig steigendem Konsum. Die Mode veränderte und differenzierte sich. Für jeden Urlaub gab es allmählich die spezielle Kleidung. Der Flugverkehr entwickelte sich rapide und transportierte Touristen in nahezu alle erreichbaren Länder der Erde. Und alles entschied sich in diesen 50er Jahren, die so aussichtslos begannen und so aussichtsreich endeten. Das macht sie zu einem so spannenden Jahrzehnt des vergangenen Jahrhunderts.

▲Bereits im Juni 1949 wurde im Travemünder Kursaal wieder eine Spielbank eröffnet, die später als neues Casino zum attraktiven Anziehungspunkt im Lübecker Ostseebad wurde. Die erwirtschafteten Mittel aus der Spielbankabgabe dienten vor allem dem Wohnungsbau.

▶ Die überwiegende Mehrzahl der Menschen lebte in den 50er Jahren noch in bescheidenen Verhältnissen, trotz Auto- und Urlaubsboom. Dennoch gab es auch schon wieder reiche Leute, die, wie hier im Casino, aufwendig tafeln konnten. Einige Jahre später tafeln auch die anderen.

WARTBERG VERLAG GMBH & CO. KG
Im Wiesental 1 · 34281 Gudensberg-Gleichen · Tel.: (0 56 03) 9 30 50 · Fax (0 56 03) 30 83
www.wartberg-verlag.de